A política
explicada aos
nossos filhos

FUNDAÇÃO EDITORA DA UNESP

Presidente do Conselho Curador
Mário Sérgio Vasconcelos

Diretor-Presidente
Jézio Hernani Bomfim Gutierre

Superintendente Administrativo e Financeiro
William de Souza Agostinho

Conselho Editorial Acadêmico
Danilo Rothberg
João Luís Cardoso Tápias Ceccantini
Luiz Fernando Ayerbe
Marcelo Takeshi Yamashita
Maria Cristina Pereira Lima
Milton Terumitsu Sogabe
Newton La Scala Júnior
Pedro Angelo Pagni
Renata Junqueira de Souza
Rosa Maria Feiteiro Cavalari

Editores-Adjuntos
Anderson Nobara
Leandro Rodrigues

Myriam Revault d'Allonnes

A política explicada aos nossos filhos

Tradução
Fernando Santos

© 2017 Éditions du Seuil
© 2018 Editora Unesp

Título original:
La Politique expliquée à nos enfants

Direitos de publicação reservados à:

Fundação Editora da Unesp (FEU)
Praça da Sé, 108
01001-900 – São Paulo – SP
Tel.: (0xx11) 3242-7171
Fax: (0xx11) 3242-7172
www.editoraunesp.com.br
www.livrariaunesp.com.br
feu@editora.unesp.br

Dados Internacionais de Catalogação na Publicação (CIP)
de acordo com ISBD
Elaborado por Vagner Rodolfo da Silva - CRB-8/9410

D147p

d'Allonnes, Myriam Revault
   A política explicada aos nossos filhos/Myriam Revault d'Allonnes; traduzido por Fernando Santos. – São Paulo: Editora Unesp, 2018.

   Tradução de: *La politique expliquée à nos enfants*
   ISBN: 978-85-393-0725-8

   1. Ciências Sociais. 2. Política. I. Santos, Fernando. II. Título.

2018-398   CDD 320
                                                                      CDU 32

Editora afiliada:

Asociación de Editoriales Universitarias
de América Latina y el Caribe

Associação Brasileira de
Editoras Universitárias

Para Sarah e Léa

Sumário

Introdução   9

1 Do que falamos quando falamos de política?   13
2 Um pouco de história: nós, os modernos   33
3 E, na prática, como isso funciona?   43
4 Por que é tão difícil?   83

Introdução

Costumávamos pensar que a política não dizia respeito a todos, que era preferível não falar sobre ela – sobretudo nas reuniões de família – para não provocar (sérias) discussões. Também dizíamos "Não me interesso por política" ou "Não faço política". Dito de outra maneira: eu me ocupo das minhas questões pessoais, da minha carreira e da minha família, e deixo essa questão àqueles que são responsáveis por ela. E iam além: vocês – crianças e adolescentes – não deveriam se meter na política: ela seria reservada aos adultos. Mas como ignorar que a política diz respeito a todos, que ela atravessa nossas escolhas fundamentais, nossas decisões e nossos modos de vida?

Desde a mais tenra idade e, sobretudo, desde que entram na escola, vocês tomam conhecimento da vida em sociedade e das suas regras. Num certo sentido, vocês aprendem, sem o saber, as condições da política, o que significa o fato de viver e agir em conjunto. Vocês deparam com situações que os preparam para enfrentar questões "políticas": o contato com as diferenças, as injustiças, as desigualdades, a tomada de responsabilidade. Vocês experimentam o que é uma instituição – a escola, o colégio – em que a aprendizagem e a difusão do saber não são estranhas às realidades sociais e políticas. Vocês também confrontam a realidade das discordâncias e o modo pelo qual podem iniciar uma ação coletiva. E compreendem que conversar é bom, que as discussões não conduzem apenas à violência ou à guerra, mas que às vezes elas permitem evitá-las, quando expomos nossas posições em público, por meio de argumentos e demonstrando respeito pelo outro.

Contudo, vocês também puderam constatar – pois todos repetem isso sem parar – que a política se tornou hoje um objeto de desconfiança, que ela é criticada e desprezada: por exemplo, a política parece incapaz de impedir o aumento do desemprego. Quanto aos políticos, não paramos de criticá-los, e eles frequentemente nos passam uma imagem muito negativa. Existe aí algo muito desconcertante: como uma atividade tão fundamental, que diz respeito à nossa vida em comum, pode causar tanta insatisfação e decepção?

Onde estão os problemas? Para começar, é preciso esclarecer alguns mal-entendidos a respeito do próprio significado da política. Afinal, do que estamos falando quando falamos de política? O uso do termo é assim tão simples? Este livrinho procura explicar que se trata, na verdade, de um conceito complexo. Nem por isso devemos deixar de enfrentá-lo. Pelo contrário, é preciso tentar esclarecer os conceitos, levantar os problemas, explicar de maneira simples ideias e realidades complexas. Aliás, não é certo que se trate realmente de uma "explicação", no sentido de que ela permitiria reduzir e eliminar as dificuldades. É melhor dizer que, em matéria de política, esclarecer os mal-entendidos e apresentar corretamente os problemas é a primeira condição para aprender a viver e agir em grupo.

Esta reflexão não saiu do nada: ela foi realizada a partir das perguntas feitas por minhas duas netas: uma muita nova, com oito anos, e a outra já adolescente, com catorze anos. Elas serviram de ponto de partida e de matéria-prima para este livrinho, cujo percurso elas orientaram e ditaram. Agradeço muito particularmente a Sarah pela leitura atenta, pela relevância das perguntas e das objeções: elas me acompanharam ao longo de toda a minha reflexão sobre um tema tão essencial quanto difícil.

1
Do que falamos quando falamos de política?

— Tem uma coisa que eu não entendo: fala-se o tempo todo de política, como se fosse algo extremamente importante. E, ao mesmo tempo, só ouvimos falar mal dela: os políticos são "corruptos", fazem parte do "sistema", não se preocupam com a vida (a vida de verdade) das pessoas. Nós parecemos impotentes, sem direito a opinar. Nesse caso, como podemos nos interessar pela política? Será que, no fundo, se o quadro é tão negativo, não seria melhor não nos interessarmos pelo assunto e cuidarmos da nossa própria vida?

— É verdade que é complicado, e por vários motivos. Primeiro porque falar de política, se interessar pela política, não significa necessariamente "fazer" política, e menos ainda fazer dela uma profissão. E é absolutamente correto ressaltar que hoje a política não é muito bem-vista, que desconfiamos dela, que passamos muito tempo a criticá-la. É justamente por ser tão complexo que é preciso tentar deslindar esse mistério...

– Concordo, mas antes eu gostaria de saber se a política sempre existiu ou se podemos viver sem ela. Ela existe em todas as sociedades?

– Sua pergunta contém, na verdade, várias perguntas e é bem interessante. Você quer saber se todas as sociedades conhecem a política, mas também se ela tem uma origem no tempo. O que nos obriga, primeiro, a definir o que é "política". De fato, não é porque falamos constantemente de uma coisa com a impressão de que seu sentido é evidente que sabemos exatamente o que isso significa.

– Como assim?

– Por exemplo, quando você constatou inicialmente que se falava sem parar de política, mas que não se cessava de criticá-la e de desconfiar dela, do que exatamente você estava falando? Dos políticos, daqueles que fazem política – os deputados, os ministros, o presidente – ou *da* política? Daqueles que desejam o poder e que são "especialistas" ou "profissionais" da política, ou de todos nós, cidadãos que vivemos numa sociedade com leis, regras, uma organização e um governo? Não é exatamente a mesma coisa.

– *Você pode explicar melhor seu pensamento?*

– Bem, nós, os seres humanos, não vivemos unicamente como indivíduos separados, isolados, levando a vida no contexto limitado da família, com os pais (e, mais tarde, os filhos), ocupando-nos apenas dos nossos assuntos pessoais. Nós fazemos parte de um conjunto mais amplo, de uma sociedade que engloba todos os indivíduos e todas as famílias: portanto, não levamos somente uma vida privada na companhia dos parentes mais próximos, mas partilhamos com muitos outros, que não conhecemos, uma vida em comum. Existem coisas que dizem respeito a todos: a educação, a cultura, a língua que permite a troca de ideias, a saúde, a habitação... São os chamados bens comuns, dos quais todos devem poder se beneficiar. E podemos dizer que a política é, em primeiro lugar, o que diz respeito a essa vida em comum.

– *Não é nada disso que nos vem à mente em primeiro lugar quando falamos de política hoje!*

– Sem dúvida, porque nós esquecemos o sentido original da palavra e da coisa. É importante retomar a etimologia da palavra "política". Ela vem de *polis*: em grego, a "cidade". Foram os gregos que inventaram a política, criando ao mesmo tempo a palavra e a coisa, isto é, uma nova maneira de viver em grupo. A maioria dos termos ligados à política que utilizamos hoje tem origem grega: democracia, aristocracia, monarquia, tirania... No sentido literal, a política são os assuntos da cidade, os assuntos comuns, os que dizem respeito ao conjunto dos cidadãos, isto é, os homens livres. Especifico que se trata unicamente dos homens livres, pois a sociedade grega é uma sociedade escravista: ela utiliza escravos, os quais são privados dos direitos jurídicos e excluídos da vida cívica. As mulheres e os estrangeiros (chamados de "metecos") também são excluídos da atividade política. Portanto, os cidadãos, aqueles que participam da vida da cidade e que, nesse sentido, "fazem" todos política, são muito pouco numerosos: são apenas os homens "livres", no sentido de que, não sendo propriedade de outro (como o escravo), só pertencem a si mesmos. Pertencer a si mesmo, não pertencer a outro: é assim que os gregos definiam a liberdade.

– Mas, então, como se pode dizer que a política é um assunto de todos se ela exclui os escravos, as mulheres e os estrangeiros?

– Claro, é isso que nós não podemos mais admitir hoje. Com a *Declaração dos Direitos do Homem e do Cidadão*, nós afirmamos que todos os homens são livres e iguais em direito. E foi preciso esperar ainda dois séculos para que, na França, as mulheres conquistassem o direito de voto! Quanto aos estrangeiros, a questão é mais complicada, porque se considera que eles são cidadãos de outro país, onde podem exercer seus direitos mesmo vivendo na França. Para os gregos, portanto, a política não diz respeito a todos que vivem na cidade. Por outro lado, se consideramos os homens livres, os que participam nos assuntos comuns, podemos dizer que todos "fazem" política, no sentido de que todos vivem politicamente ao atuar sobre aquilo que depende deles. Os homens livres partilham atividades e práticas que não são privilégio de poucos. "Fazer política", para os gregos, é simplesmente participar da vida comum. Ao passo que hoje, quando falamos de "política", consideramos em geral que ela é assunto de especialistas, de políticos a quem encarregamos de tomar decisões em nosso nome porque votamos neles. Mas ela é isso também, e certamente falaremos disso, porque nossas sociedades e sua organização política mudaram muito desde a época dos gregos!

– De acordo. Mas se os gregos "inventaram" a política, antes deles havia muitas sociedades em que os homens viviam sem que houvesse política? Como esses homens podiam viver juntos?

– Com certeza, antes dos gregos já havia sociedades organizadas: impérios (o Egito, a Mesopotâmia, o Império Assírio etc.), mas também o que denominamos de "chefaturas", além de outros modos de transmitir um poder hereditário. Nessas sociedades, os homens obedeciam a um poder que eles não tinham escolhido e ao qual eram obrigados a se submeter. Na maior parte do tempo, nesses antigos impérios não se diferenciava muito bem o poder do "chefe", do monarca e do imperador da onipotência dos deuses, de quem as pessoas costumavam ter muito medo: por exemplo, no Egito antigo, o faraó era um semideus. Portanto, a política não existia no sentido que os gregos lhe deram: aquilo que decidem os cidadãos, os homens livres que vivem juntos e partilham uma atividade comum.

Os gregos inventaram, ao mesmo tempo, uma prática, uma maneira de agir e uma reflexão sobre essa atividade: eles participavam dos assuntos comuns e refletiam sobre o que faziam ao agir em conjunto. Portanto, eles inventaram ao mesmo tempo a democracia, isto é, uma cidade na qual todos os homens livres, seja qual for sua origem, condição social ou função, participam da mesma maneira no exercício do poder.

– Acho que agora eu entendo por que é preciso deixar claro o que chamamos de "política". Por um lado, muitas vezes pensamos que a "política" significa que existem chefes que mandam e outras pessoas que obedecem e, por outro, consideramos, como você acabou de fazer, que a política diz respeito a todos, porque nós vivemos juntos.

– E não é fácil combinar os dois significados. Podemos até nos perguntar se eles não são contraditórios...

– É exatamente essa impressão que eu tenho. Mas, então, faço outra pergunta: nós vivemos

juntos, nós agimos juntos porque somos livres e iguais. Se isso é a política, por que precisamos de chefes? E por que lhes obedecemos? Quem lhes dá o direito de mandar? Quais os limites do poder deles?

– É uma pergunta fundamental e, também nesse caso, podemos partir da reflexão dos gregos. Um grande filósofo – Aristóteles – que refletiu e escreveu sobre a política se pergunta como, numa cidade em que todos os cidadãos são livres e iguais, se pode e se deve dividir o poder. De fato, as relações entre os cidadãos não têm a mesma natureza que as que existem entre um rei e seus súditos ou entre um chefe de família e seus filhos, sobre os quais ele exerce uma autoridade, ou, ainda, entre um senhor e seus escravos, sobre os quais ele tem um poder absoluto. A cidade é uma comunidade política, e as relações entre seus membros são relações entre iguais, em que todos podem, de direito, participar igualmente do poder. Quem vai fazer o quê? Como as funções serão organizadas e divididas?

– Isso quer dizer que todo mundo governa? Não é possível!

– Você tem razão: não é possível que todos governem ao mesmo tempo. É preciso organizar a cidade e se perguntar: quem faz o quê? Quem decide, e sobre o quê? Ao que e a quem obedecemos? São perguntas obrigatórias às quais é preciso dar uma resposta: não é porque a cidade é uma comunidade de iguais que cada um faz o que quer. Isso seria a anarquia, a mais completa desordem, e não poderia durar. Mas não existe nenhum motivo para que sejam sempre os mesmos que mandam e outros que apenas obedecem. Isso é contrário ao princípio de igualdade entre os cidadãos. Seria preciso, portanto, idealmente, que todos mandassem e obedecessem, que todos participassem do poder e fossem, num rodízio, governantes e governados: foi isso que Aristóteles escreveu.

– *Mas isso é impossível!*
– Por quê?

– *Porque nem todos são capazes de governar e de exercer o poder. E, depois, não existe necessariamente a vontade de...*
– É verdade, mas não é assim que os gregos raciocinavam, ou melhor, que eles falavam desses problemas. Eles pensavam que todos os cidadãos tinham o direito de se manifestar e que todos podiam dar sua opinião sobre as

questões relacionadas à cidade. Desse ponto de vista, entendemos o que significa o princípio de alternância: que todos podem, de direito e alternadamente, mandar e ser mandados. É um princípio que permite refletir sobre o modo pelo qual poderemos nos organizar. Compreendemos também por que os atenienses, na democracia antiga, recorriam ao sorteio para indicar os magistrados que exerceriam, num sistema de rodízio, esta ou aquela função. E, para eles, isso não exigia capacidades específicas, salvo em alguns casos: eles indicavam estrategistas para conduzir as guerras (e havia muitas!) e pessoas competentes para administrar as finanças, porque eles sabiam muito bem que essas atividades exigiam uma experiência específica.

– Isso significa que todos os cidadãos eram capazes de exercer as outras funções?

– Sim. É uma ideia muito importante e à qual não damos a devida atenção hoje: a política, se consideramos que ela é assunto de todos, não depende de uma "competência" específica. Todos os cidadãos podem refletir, discutir e deliberar juntos a respeito dos problemas que lhes dizem respeito. É claro, existem questões complexas sobre as quais seria preciso estar bem informado para dar uma opinião, mas nada impede que se procure explicar, tão bem quanto possível, os problemas ou situações para formar uma opinião e se pronunciar.

– Isso quer dizer que todos nós poderíamos ser presidentes ou ministros?

– Não necessariamente. Mas todos nós podemos ser cidadãos responsáveis que pensam. Pois nós podemos reunir competências, ideias e opiniões que, em sua diversidade e multiplicidade, são mais interessantes que o julgamento de uma única pessoa: Aristóteles deu o exemplo de uma refeição feita em comum – uma espécie de piquenique – em que cada um traz um prato ou uma comida diferente. A refeição é melhor graças a essa variedade. Isso quer dizer que os convivas – os membros da cidade – refletem ao discutir juntos, ao trocar ideias, ao exprimir as discordâncias para chegar a um acordo. É uma riqueza que uma única pessoa, por mais inteligente e competente que seja, não pode portar: ela não pode ter, sozinha, uma opinião relevante em todas as áreas. Ao passo que, em conjunto, alcançamos melhores resultados, mesmo se não estamos de acordo.

— *Certo. Mas, concretamente, como fazer?*

— Não estamos mais no tempo dos gregos, e nossas sociedades não podem mais funcionar hoje do mesmo modo, mas devemos ter em mente o sentido que eles deram à política: ela depende, em primeiro lugar, da responsabilidade e da participação dos cidadãos. Cabe a nós, em seguida, refletir e nos perguntarmos como poderíamos exercer essa responsabilidade.

— *Compreendo, mas ao mesmo tempo me sinto meio perdida... Acreditava realmente que a política era a competição pelo poder. Mas, se entendi direito, a política e o poder não são a mesma coisa. A política não é apenas a luta pelo poder?*

— É claro, essa dimensão existe, e já existia entre os gregos, ao mesmo tempo que a política era pensada como o fato de participar coletivamente dos assuntos da cidade. Hoje, porém, tem-se a impressão de que essa ideia de luta pelo poder prevalece sobre os outros significados que se possa dar à política. Como se a política nada mais fosse que o poder, a conquista do poder.

— *Mas, justamente, não definimos ainda o que é o poder: o que quer dizer lutar pelo poder? Tomar o poder? Ter poder?*

— Vamos voltar, se você estiver de acordo, ao significado da palavra "poder", que é ao mesmo tempo um substantivo (*o* poder) e um verbo. É interessante refletir sobre esse duplo sentido: o verbo "poder" significa "ter a possibilidade de", "ser capaz de" e, também, "ter o direito de" fazer algo. O verbo indica a ideia de ação, do ato, a capacidade de realizar algo. E o segundo significado é o substantivo: o "poder". Pensamos frequentemente que o poder é uma "coisa" que se possui (ter poder, deter o poder, estar no poder) ou que se procura obter (querer conquistar o poder, lutar pelo poder), ou, ainda, que se perde. Na verdade, o poder não é uma coisa, é uma relação.

— *Como assim?*

— É uma relação entre dois indivíduos ou dois grupos – em todo caso, é uma relação com o outro: entre um senhor e seu escravo, entre aquele que manda e aquele que obedece, entre aqueles que governam e aqueles que são governados. E, nessas condições, ninguém detém o poder de maneira absoluta, e ninguém é inteiramente privado dele, ninguém é inteiramente sem poder. É o que mostra o grande filósofo alemão Hegel a propósito da relação entre o senhor e o escravo (ou o servo): o senhor só manda porque tem diante de si um outro que o obedece. Se o escravo ou o servo para de obedecer, o senhor perde o seu poder. Portanto, o senhor também depende daquele que se encontra diante dele. É exatamente isso que significa o poder como relação entre parceiros.

– É o que ocorre também entre um professor e seus alunos? Ou, ainda, entre os pais e os filhos?

– Não exatamente! Em certo sentido, o professor é respeitado e ouvido quando os alunos são atentos e interessados. Diremos, porém, que ele exerce uma autoridade, mais do que um poder. E, no que concerne aos pais, falamos também de autoridade parental. Nós lhes obedecemos e aceitamos sua sabedoria e sua experiência porque eles são mais velhos que nós, sejamos nós crianças ou adolescentes: reconhecemos que eles devem nos orientar porque ainda temos muito que aprender para nos tornarmos independentes. Mas, justamente, os cidadãos adultos não são mais crianças, e aqueles que exercem o poder não são nem pais nem mães de família, nem diretores de escolas ou professores!

– Mas, então, como vamos definir precisamente o poder? É ainda muito vago dizer que é uma relação...

– Você tem razão. Em primeiro lugar, vamos diferenciar o poder de outros conceitos com os quais ele é frequentemente confundido: a dominação, a força, a violência, a coerção... Quando coagimos alguém a fazer algo, ele é obrigado a obedecer e se submeter sem necessariamente consentir naquilo que queremos lhe impor. Ele não tem escolha, ou então tem uma falsa escolha, que parece aquilo que Jean-Jacques Rousseau chamou, no século XVIII, de (suposto) "direito do mais forte". Se um assaltante me surpreende num beco escuro e sou forçada a lhe entregar a bolsa para não ser assassinada, eu não estou obedecendo a um poder. Estou sofrendo uma violência que me obriga a não me defender, pois corro o risco de ser morta.

– De fato: realmente não é uma escolha!

– Quando consinto (dou meu consentimento) com o poder, eu o reconheço como *legítimo*: reconheço que ele tem o direito de me impor um certo número de regras e restrições e que tenho o dever de aceitá-las: eu obedeço às leis, pago meus impostos, mando meus filhos à escola... Por exemplo, em sociedades democráticas como as nossas, votamos para eleger aqueles que vão governar o país em nosso nome, e, por essa razão, os consideramos legítimos, pois seu poder decorre da nossa livre escolha. Mas se, uma vez eleitos, suas decisões nos parecem injustas e não correspondem ao que desejávamos, temos a possibilidade de exprimir nosso descontentamento, de manifestar nossa oposição e, portanto, de exercer nossa liberdade, no contexto daquilo que é possível e permitido na sociedade. Veremos mais adiante que essas possibilidades não são as mesmas em todas as sociedades e em relação a todas as formas políticas.

– *A política, portanto, é o poder que reconhecemos como legítimo?*

– Essa é apenas uma definição parcial; ela é correta, mas apenas parcialmente. Pois se nos restringimos a esse significado, enfatizamos unicamente a relação entre aqueles que mandam e aqueles que obedecem, como se o poder se reduzisse à relação mando/

obediência. Como se o poder nada mais fosse que a dominação: a relação entre aqueles que governam e aqueles que são governados. O poder é pensado, então, como um poder "sobre" alguém, que é exercido verticalmente, de cima para baixo.

– *Em que outro tipo de poder podemos pensar?*

– Você se lembra de que falamos do verbo "poder", que indica a ideia de uma capacidade (nós podemos fazer algo) e de um ato (o verbo indica a ação)? Nessas condições, exercer um – ou o seu – poder é também agir, não apenas individualmente, de maneira isolada, mas, sobretudo, coletivamente: é agir junto, é agir em comum. É o que escreve a grande filósofa do século XX Hannah Arendt: o poder não é uma ligação de subordinação. Ele expressa, acima de tudo, a capacidade dos homens de agir em conjunto de forma organizada. O poder é sempre um poder em comum e, quando dizemos que alguém está "no poder" ou que ele detém ou exerce o poder, isso significa que ele recebeu de um certo número de pessoas o poder de agir em nome delas. Essa definição do poder é horizontal: ela diz respeito à ligação, à relação entre iguais:

é um poder "com" alguém, mais do que um poder "sobre" alguém.

– *Mas esses dois significados do poder são absolutamente diferentes e mesmo opostos. Como eles podem andar juntos? E, além de tudo, não vejo muitos exemplos concretos desse poder que significa agir juntos.*

– Você tem razão. É uma grande dificuldade porque, no mundo real, com frequência nos encontramos em situações nas quais alguns governam e outros são governados. Mas também devemos pensar em momentos históricos em que os homens exerceram o poder agindo juntos: na cidade grega, como dissemos ainda há pouco, e mesmo mais próximo de nós, durante a Revolução Francesa, quando as pessoas agiram em conjunto para derrubar o poder real, que elas consideravam despótico e ilegítimo; os Estados Gerais convocados por Luís XVI se transformaram em Assembleia Constituinte. Nós também conhecemos, em nossa época, situações e experiências em que as pessoas agem em comum: elas falam, discutem, partilham suas ideias e suas opiniões para chegar a uma ação coletiva. Em 1989, a queda do Muro de Berlim foi o resultado de vários meses de protestos e manifestações. São às vezes (e mesmo com frequência) momentos de violência, mas nem sempre. A luta não violenta conduzida durante anos por Martin Luther King levou ao reconhecimento dos direitos civis dos negros norte-americanos.

– *Sim, mas esses momentos são muito raros!*

– É verdade, mas quando pensamos nesses momentos ou os guardamos na memória, sabemos que eles existiram. Eles nos lembram que o primeiro sentido da política como *partilha* (homens livres e iguais que agem em conjunto), mesmo que geralmente fique escondido e esquecido, é muito importante, ainda mais importante, sem dúvida, do que aquilo a que geralmente assistimos: a luta para conquistar um poder sobre os outros, para mandar em outros que obedecem.

– *Como e por que esquecemos desse sentido, para pensar o poder hoje apenas como uma relação de subordinação?*

– Para responder a essa pergunta, vamos fazer um pequeno desvio pela história da política...

2
Um pouco de história: nós, os modernos

Em nossa conversa, partimos da etimologia das palavras, da invenção da política pelos gregos e do sentido que eles lhe deram. Obviamente, não vivemos mais na mesma época, e as coisas mudaram. Em primeiro lugar, porque a população das sociedades contemporâneas é muito maior, seus territórios muito mais extensos e porque não podemos mais fazer como eles, que reuniam todos os cidadãos na *ágora*, a praça pública, para conversar, discutir e tomar decisões.

– *É claro! Somos muito mais numerosos!*
– Sim, mas essa não é a única razão. Nossas sociedades são sociedades modernas, é

assim que as denominamos. Não vivemos mais em pequenas cidades como Atenas, mas em sistemas políticos mais complicados, dentro de Estados cuja organização é mais complexa: retomaremos esse assunto, com certeza. Mas, sobretudo, não temos mais a mesma relação com a política que os gregos tinham: não pensamos nem vivemos mais do mesmo jeito.

– *Como assim?*

– Bem, para os gregos, a política era a coisa mais importante da vida ou, pelo menos, uma coisa muito importante: a atividade política era muito valorizada, contrariamente ao que dizia respeito à economia, isto é, a subsistência, a necessidade de atender às próprias necessidades. Não nos esqueçamos de que os gregos possuíam escravos que trabalhavam para eles, os quais realizavam um certo número de tarefas para que os cidadãos (os homens livres) pudessem "fazer" política, isto é, ocupar-se dos assuntos da cidade. E quando os homens livres eram pobres demais – por exemplo, os camponeses modestos – para perder um dia de trabalho para assistir aos debates da assembleia do povo, eles eram indenizados pela presença.

Também se concediam indenizações aos magistrados sorteados, pois eles tinham de dedicar a maior parte do seu tempo aos assuntos públicos.

– Isso quer dizer que nós não temos mais tempo para nos ocupar de política porque não temos mais escravos que trabalham para nós?

– Essa afirmação não está errada, pelo menos parcialmente: nós não podemos mais dedicar à política o mesmo tempo que os cidadãos de Atenas dedicavam, pois precisamos trabalhar para garantir a subsistência e ganhar a vida. Mas essa não é a única razão: para os gregos, a política era a atividade nobre por excelência porque permitia que os homens se realizassem, concretizando o que eles tinham de melhor em si. Aristóteles definia o homem como um "ser vivo político dotado de razão": isso significava que os homens eram seres sensatos, capazes, por exemplo, de distinguir entre o bem e o mal, o justo e o injusto, e que isso vinha junto com o fato de que eles viviam em cidades.

– Como assim? Não entendi.

– Bem, se os homens conseguem viver juntos de forma razoável, é porque eles podem partilhar valores para além das diferenças que os separam. Por exemplo, eles podem concordar a respeito do que convém fazer ou não fazer para o bem da cidade. Contrariamente aos animais, eles não procuram apenas sobreviver (satisfazer suas necessidades básicas: alimentar-se, vestir-se, proteger-se das intempéries), mas querem viver "bem". Isso não quer dizer apenas viver confortavelmente, mas viver para se realizar e prosperar no contexto da cidade: é o que os gregos chamavam de "vida boa". Nesse sentido, a política é a busca do melhor.

– *É bom demais para ser verdade!*

– É claro, também não é preciso idealizar o modo como os gregos pensaram a política e, sobretudo, o modo como a viveram. Eles não eram nem super-homens nem seres perfeitos! Mas eles pensaram algo que deveríamos lembrar quando refletimos hoje sobre o que é a política.

– *O que aconteceu para que as coisas mudassem tanto?*

– Em primeiro lugar, as sociedades modernas são centradas no indivíduo, ao passo que para os gregos, como acabamos de ver, o homem era inseparável da cidade. Depois da grande revolução científica do final do século XVI, com as grandes descobertas de Galileu e Copérnico, a cidade deixa de ser o contexto natural ao qual os homens pertenciam e onde podiam realizar o bem viver. O mundo antigo em que viviam os gregos – um *cosmos* organizado e hierarquizado onde o homem ocupava um lugar privilegiado – desapareceu. Ele foi substituído por um universo científico, matemático e infinito dentro do qual os homens perderam suas antigas referências: não é mais o Sol que gira em torno da Terra, mas o contrário. Os homens perderam sua posição central e deixaram de ser considerados "seres vivos políticos", inseridos numa ordem natural em que cada elemento está em seu lugar. Eles se tornaram indivíduos obrigados a se associar para sobreviver.

– Você poderia ser mais clara? Não estou entendendo muito bem.

– No início da Era Moderna, com o desaparecimento das antigas referências, as pessoas pararam de se perguntar como elas poderiam concretizar sua humanidade ou sua "excelência". Elas se perguntaram algo totalmente diferente: como indivíduos independentes podem viver em sociedade? Pois esses indivíduos eram representados vivendo inicialmente em um "estado de natureza" no qual eles se encontravam isolados, em condições geográficas e climáticas muito difíceis, com a ameaça constante da morte. Ou então se supunha que, nesse mesmo estado de natureza, eles guerreavam entre si de forma implacável, porque não dispunham de nenhuma lei, de nenhuma organização que pudesse controlá-los: estavam entregues a seus desejos e paixões. É o que o filósofo Hobbes chamou no século XVII de "guerra de todos contra todos". Portanto, inverteu-se completamente o modo de pensar a política: ela deixou de ser a atividade mais nobre por meio da qual os homens podiam se realizar, para se tornar um meio de sobrevivência e de associação em sociedades nas quais os homens estariam seguros: protegidos dos perigos externos, mas também da violência dos outros.

– Mas ela não foi sempre um meio? Você acabou de dizer que, para os gregos, ela era um meio para alcançar a vida boa.

– Ela não era realmente um "meio", no sentido de um instrumento que utilizamos, do qual nos servimos para obter alguma coisa: a política era inseparável do objetivo visado, ela fazia parte da vida boa. Poderíamos dizer que o meio e o fim (o objetivo visado) eram inseparáveis, ao passo que na Era Moderna passou-se a considerar que os indivíduos deveriam se associar num determinado momento, constituir sociedades políticas para satisfazer suas necessidades, viver em segurança e garantir seus direitos.

– Gostaria de fazer outra pergunta: por que se fala dos indivíduos como se eles fossem independentes? Somos todos indivíduos, mas vivemos ao mesmo tempo em sociedades. E nós temos todo o tipo de vínculo com os outros, como a família e os amigos. Isso não é contraditório?

– É verdade, mas existem várias formas de considerar esses vínculos. E é isso que acarreta maneiras diferentes de pensar a política. Se pensamos, como os gregos, que as pessoas não podem se realizar fora da cidade, que sua vida política faz parte da sua humanidade, não podemos imaginar um indivíduo isolado, fora de seus vínculos com os outros e de sua vida em sociedade. Ou, mais precisamente, podemos imaginá-lo, mas ele seria, como diz Aristóteles, uma "besta" (um animal, "sub-humano") ou um "deus", que estaria acima da humanidade e que, portanto, não precisaria dos outros. A política faz parte de nossa humanidade: é o que a constitui e permite que ela progrida.

– *Acho isso uma boa ideia!*

– Sim, mas ela não é evidente. Podemos, ao contrário, imaginar – é o que aconteceu na Era Moderna – que, antes de viver em sociedade, os indivíduos existem e são independentes uns dos outros, que eles têm necessidades e desejos e que também têm direitos (que chamamos de direitos "naturais"): a liberdade, a igualdade, a segurança. Como acabamos de dizer, eles são levados a se associar aos outros sobretudo porque são forçados a fazê-lo. E, nessas condições, a política não faz mais parte da natureza do ser humano: ele existe antes da sociedade, como se fosse autônomo e se bastasse a si próprio antes de qualquer vínculo social. A política tem como função, então, assegurar e garantir seus direitos elementares. Daí em diante, a prioridade é o indivíduo, e a política não mais o constitui como tal.

– *Acho que compreendi. Mas isso ainda me parece muito vago. Eu gostaria muito que chegássemos agora à forma em que a política existe concretamente.*

– O que você quer dizer com isso?

– Bem, como a política se organiza? Por que todas as sociedades não têm os mesmos sistemas políticos? Existiram, e ainda existem, monarquias e democracias. Falamos também de tiranias ou de ditaduras. Por que essas diferenças?

– Concordo. Mas, para responder à sua pergunta, é preciso passar agora à questão das formas políticas, dos chamados "regimes" políticos.

3
E, na prática, como isso funciona?

Até o momento, falamos apenas *da* política: procuramos apresentar suas definições, mostrar que havia diversas interpretações possíveis, várias maneiras de pensá-la e vivê-la. Vamos passar ao modo como ela se manifesta concretamente, sob suas diversas formas, com seus diferentes "regimes".

– *Por que falar de "regime"? Sei muito bem que, em história, falamos de Antigo Regime, mas gostaria que você me explicasse essa palavra.*

– É verdade que se trata de uma palavra interessante, porque a utilizamos em inúmeros setores: falamos do regime de um motor (que funciona ou não a pleno regime), de um regime alimentar ou de um regime de vida, que remete a uma conduta, um modo de vida. E, evidentemente, falamos de um regime político, isto é, do modo como se organiza e se administra um Estado.

– *É estranho utilizar a mesma palavra com sentidos tão diferentes.*

– Mas isso acontece justamente porque podemos trabalhar todos esses significados em conjunto: o regime do motor, que funciona com maior ou menor velocidade, evoca a ideia de movimento, o fato de que rodamos e avançamos. É uma dinâmica. Quanto ao regime alimentar ou ao regime de vida (mais ou menos saudável, por exemplo), ele evoca uma conduta, um modo de vida, uma certa relação que mantemos com nós mesmos.

– *É verdade. Mas qual é a relação com os regimes políticos?*

– Bem, podemos considerar que as sociedades também conduzem sua vida coletiva de uma certa maneira, e que as pessoas vivem juntas ali com hábitos, costumes e mesmo sentimentos diferentes. Um "regime" político, portanto, não indica apenas o modo pelo qual as coisas são administradas: uma monarquia, em que o rei está à frente do país; uma democracia, em que o poder pertence ao povo (*demos*: "povo", em grego) e em que funcionam as chamadas instituições – um governo, um parlamento, um poder judiciário. Por exemplo, no século XVIII, Montesquieu diferenciou a "natureza" dos regimes, o modo como eles são organizados, e seu "princípio" ou "causa": isto é, seu motor, o que os faz agir. Encontramos esse significado do qual falávamos há pouco: a dinâmica, o movimento. E o que caracteriza os "regimes" é a combinação desses dois elementos: sua estrutura, o modo como eles são organizados, e a dinâmica (a "causa") que os faz agir.

– *E em que consiste essa causa?*

– Para Montesquieu, são, antes de mais nada, os sentimentos coletivos ou as paixões: por exemplo, em uma monarquia, é a honra que predomina, porque os nobres ou os aristocratas são muito influentes e têm muito poder. Na tirania, é o temor (pois todos temem o déspota), e, numa república ou numa democracia, é a paixão pela igualdade e pela liberdade. O mais importante, porém, é compreender que cada "regime", além de sua organização, de suas instituições, de suas regras e de suas leis, tem também o que outrora se chamava de "costumes": tradições, hábitos, valores, uma forma de viver em conjunto.

– *Entendo o conceito, mas gostaria que você me explicasse as outras diferenças que todos esses regimes têm entre si quanto à sua organização.*

– Em primeiro lugar, é preciso partir da forma como o poder é exercido. Os gregos já distinguiam essencialmente a democracia, em que o poder é exercido pelo povo (o *demos*), a aristocracia, em que uns poucos governam (*aristoi*: em grego, os "melhores"), e a monarquia, em que um só (o rei, o monarca) governa. Essas diferenças se referem ao mesmo tempo à origem (ou à fonte) do poder e à sua organização ou distribuição.

– *O que você quer dizer?*

– Quando nos referimos aos governantes, o primeiro problema é saber de onde eles tiram seu poder. É o que chamamos de sua *legitimidade*: com que direito eles governam? O que os autoriza a fazê-lo? Na democracia, eles tiram o poder do povo: é ele que é soberano; ele é a fonte do poder exercido pelos governantes.

Numa monarquia, é o rei que exerce a autoridade suprema; na maioria das vezes, porém, ele tira seu poder de outra fonte: por exemplo, do direito divino. Os reis da França, ao menos até a Revolução Francesa, eram monarcas de direito divino: eles tinham o direito de reinar porque eram os representantes de Deus na Terra, e transmitiam seu poder de pai para filho: eram as monarquias hereditárias. Hoje, nas nossas democracias, é completamente diferente: é em nome do povo soberano que governam aqueles que estão no poder.

– *Mas, então, por que o próprio povo não governa diretamente? Como na democracia grega, por exemplo?*

– Você tem razão, é uma ótima pergunta. Na verdade, as democracias modernas não funcionam como as democracias antigas (a Atenas de Péricles, por exemplo), embora usemos a mesma palavra para designá-las. O que elas têm em comum é que o povo detém a soberania (é soberano) e que o poder é exercido em seu nome. A diferença, porém, e já falamos um pouco disso, é que hoje o povo não participa constantemente e diretamente do exercício do poder. Ele não se reúne regularmente em praça pública para discutir as decisões que serão tomadas.

– *No entanto, temos eleições...*

– Justamente. As eleições – sobretudo com o sufrágio universal, no qual todos os cidadãos têm o direito de votar – servem para indicar aqueles que nós encarregamos de governar em nosso nome. São esses governantes que exercem cotidianamente o poder, mesmo se o fazem em nome do povo soberano, isto é, em nosso nome, o conjunto dos cidadãos. É o que chamamos de representação: os cidadãos escolhem aqueles que vão representá-los e agir em seu nome. Mas se hoje nós não participamos diretamente e constantemente do exercício do poder, podemos e devemos controlá-lo.

– *Mas como podemos controlar, depois de eleitos, aqueles que encarregamos de governar em nosso lugar?*

– Primeiro, não é "em nosso lugar", como se, uma vez passadas as eleições, não tivéssemos mais nada a fazer e lhes déssemos carta branca para agir como bem entendessem. Normalmente, nós temos a possibilidade de controlá-los e até de criticá-los quando não estamos de acordo.

– *Como assim? De que maneira?*

– Bem, entre uma eleição e outra – mesmo que haja muitas, pois nós não elegemos apenas o presidente, mas deputados, prefeitos, senadores etc. – temos a possibilidade de nos expressar e de protestar para mostrar nossa discordância. Na democracia, a opinião pública é muito importante. A democracia dá aos cidadãos o direito de manifestar e defender suas opiniões, seus juízos, suas ideias, seus pontos de vista: ela deve zelar para que todos possam fazê-lo, com a mesma liberdade. Foi no século XVIII, com a filosofia do Iluminismo – que preparou as ideias da Revolução Francesa –, que surgiu o conceito de opinião pública. Ela não é a soma de todas as opiniões pessoais, e sim o resultado de uma troca livre e pública de juízos, opiniões, concordâncias e discordâncias.

– *Por que ela não é uma soma? Você pode explicar melhor?*

– Essa troca não é uma soma porque ela funciona (ou deveria funcionar) um pouco como o piquenique a que nos referimos a propósito de Aristóteles e da troca entre os cidadãos na cidade grega. A opinião pública é um agente coletivo que se interessa pelo bem comum e que, através da sua ação, sugere e propõe ao poder coletivo os caminhos a seguir para alcançá-lo. A imprensa, os jornais, são um elemento muito importante dessa troca. A liberdade de imprensa e a liberdade de opinião, a liberdade de expressão, são direitos fundamentais que dão vida à democracia.

Mas os cidadãos também têm a possibilidade de se reunir, de fazer petições, blogues, de se manifestar, de ir à rua e de fazer greve. Às vezes, eles influenciam ou dificultam a ação do governo, que pode renunciar a aprovar uma lei em razão da oposição das ruas, de manifestações ou de greves. A imprensa pode revelar escândalos que levem os políticos a abandonar o cargo: em 1972, foram presos homens que estavam de posse de material de escuta e que tinham arrombado as portas do edifício Watergate (a sede do Partido Democrata). Ao investigar o caso, os jornalistas descobriram fatos comprometedores para a Casa Branca, e a comissão de inquérito que depois trabalhou no caso concluiu pela responsabilidade direta do presidente Nixon, que teve de renunciar.

– *É assim que podemos controlar o poder na democracia?*

– Sim, mas não apenas dessa maneira. Numa democracia, deve existir o que chamamos de "contrapoderes", isto é, instituições estabelecidas pela lei que impedem que um poder absoluto e sem limite seja exercido pelos dirigentes uma vez eleitos. Temos, em primeiro lugar, uma divisão de poderes: o Poder Executivo (do presidente, do governo) decide, toma as decisões. Mas ele não tem o poder de impor leis: ele as propõe ao Poder Legislativo (o Parlamento, a Assembleia Nacional, o Senado), que deve dar seu acordo, aprovando ou não as leis propostas. E existe também uma terceira instituição muito importante: a autoridade judiciária, responsável pela aplicação das leis e pela decisão dos conflitos, isto é, os casos em que há contestações.

– *É isso que chamamos de contrapoderes?*

– Sim, mas existem outros. Existem instituições encarregadas de controlar, mais especificamente, a vida política: na França, o Conselho Constitucional controla as leis promulgadas e verifica se elas estão de acordo com a Constituição. O Conselho de Estado deve ser consultado pelo governo antes que este elabore seus projetos de lei. Recentemente, em 2013, após o escândalo provocado pelas mentiras e as fraudes fiscais cometidas pelo ministro do Orçamento Jérôme Cahuzac, foi criada a Alta Autoridade para a Transparência da Vida Pública: ela zela para que os governos ou os funcionários públicos que tomam as decisões defendam o interesse geral, e não interesses particulares ou seus interesses pessoais. Pois os políticos eleitos e os ministros podem ser tentados a agir em seu próprio interesse (enriquecer, por exemplo, ou favorecer parentes e amigos) em detrimento do interesse geral. Essa Alta Autoridade controla também a honestidade dos eleitos, verificando, por exemplo, suas declarações de imposto e sua declaração patrimonial.

Nos Estados Unidos, a Suprema Corte controla as leis e decide se elas estão de acordo com a Constituição, da qual ela é a intérprete final.

– Mas por que se fala de autoridade, e não de poder, como no caso dos dois primeiros poderes?

– Porque os juízes exercem sua função "em nome" do povo francês ou do povo norte-americano, mas eles não o representam como o presidente ou os deputados eleitos. Portanto, eles não têm um poder específico e devem permanecer independentes das forças políticas. As três funções – executiva, legislativa e judiciária – devem estar separadas para permitir o equilíbrio social. O governo não deve ser ao mesmo tempo o legislador (para impedir que ele se corrompa implementando leis que o favoreceriam), e não deve também ser o juiz, pois, nesse caso, não seria mais possível controlar sua ação pública. Cada uma das três funções deve ser exercida por "órgãos" distintos, independentes um do outro: a função legislativa edita as leis, é o papel do Parlamento. A função executiva é assegurada pelo governo, e a autoridade judiciária é exercida pelos tribunais.

Esse princípio fundamental da separação dos poderes foi formulado no século XVIII por Montesquieu: é precisamente para evitar e limitar os excessos e o arbítrio do poder que foram instituídos instrumentos de controle e "contrapoderes". Pois, para que não seja possível abusar do poder, é preciso que "o poder detenha o poder", em outras palavras, que ele o limite: é um princípio de equilíbrio.

Nos Estados Unidos, existem instrumentos de controle conhecidos como *"checks and balances"*, que são contrapesos destinados a evitar que qualquer uma das três funções abuse das suas prerrogativas: é por esse motivo que existe uma divisão de competências entre eles. Portanto, é muito importante insistir no fato de que na democracia o poder não pertence a ninguém.

– *É mesmo? Nem mesmo ao presidente?*

– Não. De maneira alguma. Aqueles que exercem o poder só o ocupam temporariamente: eles não são os "proprietários", e sim os "locatários" do Eliseu ou da Casa Branca, e, acima de tudo, eles não têm o direito de decidir o que cada um deve fazer, pensar, dizer e ouvir. Essa é a diferença fundamental em relação às antigas monarquias, em que o rei, como dissemos, tirava seu poder de mando da força e da vontade de Deus: Luís XIV era um rei de "direito divino", e, portanto, era proibido desobedecê-lo, porque sua vontade era a expressão da lei divina. Isso não acontece mais hoje, nas democracias modernas, em que os governos tiram seu poder do povo soberano, e em que esse poder é periodicamente posto em questão.

— *Como assim?*

— O poder é objeto de uma competição que se reproduz a intervalos regulares, especialmente por meio de eleições. Na França, votamos a cada cinco anos para eleger um presidente e uma Assembleia Nacional. Nos Estados Unidos, vota-se a cada quatro anos, e o mandato do presidente só pode ser renovado uma vez: o presidente Obama foi reeleito ao fim de quatro anos e governou os Estados Unidos durante oito anos. Limita-se o tempo do mandato para evitar que o presidente se instale durante muito tempo no poder e o transforme num poder pessoal, que não seria suficientemente controlado.

— *Mas hoje ainda existem monarquias: o Reino Unido, a Espanha, a Holanda, além de outros países.*

— As monarquias europeias são monarquias parlamentares em que os reis não têm mais os poderes que tinham antes: eles são limitados pela Constituição. E, na maior parte do tempo, eles não governam, têm um papel representativo. São figuras que têm uma função simbólica: eles exprimem a unidade e a continuidade da nação. Na verdade, trata-se na prática de democracias, pois o povo ali é soberano. No entanto, existem ainda, em outras regiões do mundo, monarquias em que o rei tem um poder efetivo e, às vezes, até mesmo absoluto.

– *Entendo. Mas existe um assunto sobre o qual não dissemos nada: os partidos políticos. De onde eles vêm e qual é o seu papel?*

– Excelente pergunta! Os partidos políticos se desenvolvem com o sufrágio universal e refletem o fato de os eleitores, que são em grande número, não poderem ter mais um vínculo pessoal com aqueles que eles elegem. Pois quando o direito de voto foi instituído, ele foi reservado primeiro a uma pequena parcela da população. Por serem em número limitado, os eleitores podiam manter uma relação mais pessoal e direta com quem eles escolhiam. Eles tinham a tendência de escolher as personalidades locais mais destacadas, frequentemente proprietários que desfrutavam de certa "respeitabilidade". No começo, tanto do lado dos eleitores como do lado dos que eram elegíveis, as condições eram muito restritivas.

No início da Revolução Francesa, a Assembleia Constituinte estabeleceu na França um direito de voto chamado de "censitário", reservado aos cidadãos "ativos", àqueles que podiam pagar uma contribuição correspondente ao valor de três dias de trabalho, e que tinham, assim, o direito de votar. As mulheres, os empregados domésticos, os indigentes (os pobres) e os vagabundos não tinham o direito de votar: eram considerados cidadãos "passivos". Além disso, para ser eleito à Assembleia Nacional era preciso ser proprietário de terra e pagar um determinado "censo", uma contribuição que pressupunha certa riqueza. Era o chamado voto censitário.

– *Não é nada democrático!*

– Claro, você tem razão. Mas isso também mostra que a democracia levou muito tempo para se implantar e criar raízes. Na França, foi preciso esperar até 1848 para que se instituísse o sufrágio universal masculino (reservado aos homens com mais de 21 anos de idade) e até 1944 para que as mulheres tivessem o direito de voto. Na Inglaterra, o sufrágio universal data de 1918. E foi essa ampliação do sufrágio que levou à formação e à organização dos partidos políticos.

– *Gostaria que você explicasse melhor.*

– Bem, com o sufrágio universal, tudo fica muito mais anônimo. As pessoas não votam mais em quem elas conhecem, mas escolhem aqueles (ou aquelas) que trazem as cores de um partido. Os partidos políticos são, de certa forma, os intermediários que organizam as relações entre os cidadãos e aqueles que exercem o poder. Eles propõem os programas que os candidatos às eleições vão apresentar e defender. E o que conhecemos como a "democracia dos partidos" vai se instalar ao longo de todo o século XIX. Mas é preciso ressaltar que esses partidos políticos também não surgem do nada: já havia, desde o século XVIII, associações, sociedades secretas, jornais e círculos de reflexão nos quais se reuniam os cidadãos com ideias semelhantes. Portanto, a opinião pública já estava organizada, mas, com os partidos políticos, ela vai ficar mais estruturada.

– *Mas nem todo mundo é filiado a um partido político.*

– É verdade. Na era moderna, porém, desde o final do século XIX, foram criados partidos que reuniam um grande número de militantes, e em torno dos quais se reunia um número ainda maior de simpatizantes: esses partidos ficaram conhecidos como partidos de massa. Por exemplo, tanto na Alemanha como na França, o Partido Comunista e o Partido Socialista desempenharam um papel muito importante na vida política da primeira metade do século XX. Eles mobilizaram um número enorme de filiados e simpatizantes ao defender os interesses dos operários, daqueles que eles consideravam oprimidos e vítimas da injustiça social e econômica. Eles queriam transformar a sociedade e criar uma nova ordem social. Do lado oposto, havia partidos conhecidos como "conservadores" ou moderados, cujo objetivo era manter e consolidar (talvez aperfeiçoar) o funcionamento da sociedade tal como era.

– *Para que servem, exatamente, os partidos políticos?*

– Os partidos animam a vida política ao preencher basicamente duas funções: servir de intermediários entre o povo e o governo e organizar a conquista e o exercício do poder. Um partido de oposição apresenta o programa que ele deseja implantar uma vez no poder. E o governo que está no poder, apoiado pelo(s) partido(s) que o defende(m), conduz uma política que responde mais ou menos ao programa que foi anunciado. Numa democracia impera o que chamamos de "pluralismo": existem vários partidos, que representam ideias e correntes de opinião diferentes, e até mesmo opostas.

– Esse pluralismo partidário não existe em toda parte?

– Não. Inúmeros regimes políticos não democráticos – as ditaduras, os regimes autoritários – proíbem essa expressão de pluralidade partidária e de opinião. Houve regimes de partido único, como a Alemanha nazista ou o fascismo italiano, a Espanha de Franco ou a antiga URSS. Ainda hoje existem ditaduras em que os partidos de oposição são proibidos.

– Mas essa organização da política em partidos não é um problema? Como podemos participar da política e da vida democrática quando não somos membros ou militantes de um partido?

– É uma observação muito correta. Mais correta ainda porque os grandes partidos políticos despertam hoje cada vez menos interesse. Acabamos de assistir a isso na França, por ocasião da eleição presidencial de 2017, quando os dois candidatos que se enfrentaram no segundo turno não representavam os dois grandes partidos de governo que tinham ocupado o poder havia décadas. Se você fizer questão, poderemos discutir mais à frente os atuais problemas que você evocou bem no começo da nossa conversa, a propósito da crítica e da desconfiança com relação à política. Mas podemos observar desde já que a criação dos partidos políticos não permitiu apenas organizar e estruturar a vida política: ela também consolidou a especialização daqueles que passaram a "fazer" política como se se tratasse de uma atividade profissional.

— *Você quer dizer que a política se tornou uma profissão? E que isso se deve aos partidos políticos?*

— Sim, em grande parte. Você se recorda de que os gregos não consideravam a política uma "profissão", de maneira nenhuma. Ela não era uma atividade especializada, pois todos os cidadãos participavam dela diretamente. E, na Era Moderna, quando começamos a eleger os dirigentes, tratava-se, na maior parte do tempo, como dissemos, de notáveis que não eram profissionais da política: eles tinham uma posição social, uma fortuna pessoal ou recursos que lhes permitiam viver de renda. Eles exerciam frequentemente suas funções de forma não remunerada, como uma espécie de atividade honorífica. Eles viviam, certamente, *para* a política, mas não *da* política, no sentido que dizemos que alguém vive do rendimento do seu trabalho. Foi em 1848 que se criou o "subsídio legislativo", que permitia a participação na Assembleia de quem não tinha fortuna pessoal e dos membros das classes populares.

– *Muito bem! Assim todo mundo podia participar da vida política!*

– Absolutamente certo. Mas isso não é tudo. Pois, ao mesmo tempo, quando foram criados os grandes partidos de massa, foram necessárias pessoas para pôr em funcionamento essas grandes "máquinas": recorreram-se a empregados "contratados", que trabalhavam em partidos que pareciam empresas, especializados na mobilização dos eleitores, na arregimentação dos militantes e na produção dos programas políticos. Podemos dizer que esse pessoal especializado não vive mais apenas *para* a política, mas *da* política. Atualmente, aqueles que se ocupam da comunicação e das pesquisas, e mesmo os jornalistas políticos, também são "profissionais" da política.

– É exatamente isso que eu dizia! O que fazem todos os outros? Quem não é contratado nem assalariado? Como eles podem "fazer" política?

– Isso é um problema, e você tem razão, sobretudo se consideramos que a política consiste unicamente em eleger os governantes. Nesse caso, fazemos política de maneira intermitente, e no restante do tempo, entre uma eleição e outra, não nos ocupamos dos assuntos públicos. Vimos, porém, que a prática da democracia não consistia apenas em votar, e que os cidadãos tinham a possibilidade – eu diria mesmo a responsabilidade – de se exprimir, de agir ou de protestar. Como dizia Rousseau, povo soberano é aquele que participa de uma maneira ou de outra na elaboração das leis.

Isso nem sempre é fácil, e é verdade que hoje, como já dissemos várias vezes, a desconfiança com relação à política provoca muitas vezes o afastamento das pessoas. Ele se manifesta, por exemplo, por um grande aumento da abstenção. Mas não é evidente, e eu gostaria de voltar a falar sobre isso, que ela seja um sinal de desinteresse com relação à política em geral: ela talvez signifique que é preciso renovar a prática da democracia, criar novas formas de atividade e de participação cívica, porque as que nós conhecemos se tornaram inadequadas ou porque a experiência mostrou que elas não funcionam bem.

– Mas se mudarmos as formas e as práticas, será que continuaremos numa democracia?

– Sim, se respeitarmos um certo número de princípios fundamentais: a liberdade de expressão, a liberdade de imprensa, a separação de poderes, tudo que caracteriza o funcionamento da democracia. Lembre-se do significado da palavra "regime": uma dinâmica, um movimento, uma "causa", como dizia Montesquieu. A democracia não é imutável: ela se transforma, e nós podemos inventar novas formas de agir, novas práticas que estariam mais adaptadas, mais de acordo com seus grandes princípios.

– Existe outro problema. Mesmo se aqueles que nós escolhemos promovem o programa dos partidos políticos, nem por isso eles são pessoas anônimas: nós os conhecemos, mesmo que não sejamos próximos deles. Será que realmente os escolhemos por seu programa? Alguns são mais populares que outros: dizemos que gostamos ou não deles, que eles

são mais ou menos simpáticos. Portanto, a pessoa também é muito importante.

– Corretíssimo. Nós não votamos apenas de maneira fria, com a razão e a reflexão. Nós também temos sentimentos, emoções e até mesmo paixões: podemos, por exemplo, nos comover com a injustiça ou a desigualdade. Não se trata apenas de uma questão abstrata, e o fato de sermos sensíveis à injustiça – a vivida por nós ou a que é imposta aos outros e da qual somos testemunha – nos leva a refletir sobre a justiça, sobre o modo pelo qual a sociedade deve fazê-la ser respeitada e pô-la em prática.

Aquilo que sentimos diante das desigualdades (econômicas, sociais, culturais) nos leva a buscar os instrumentos políticos para corrigi-las ou limitá-las. Podemos sentir raiva e indignação ou, ao contrário, nos entusiasmar em determinadas situações ou diante de certos projetos.

– Mas esses sentimentos e emoções não nos impedem de refletir?

– Não, porque eles são o ponto de partida de uma reflexão: não podemos nos contentar com eles nem parar por aí, porque eles sozinhos não permitem iniciar uma ação. A indiferença – o fato de não experimentar sentimentos ou emoções – não é mais uma coisa boa: ela conduz ao desinteresse e faz com que não nos sintamos responsáveis. Para agir, é preciso primeiro ser receptivo aos outros, realizar trocas com eles para partilhar ideias, expressar concordâncias, mas também discordâncias. Isso pressupõe que nós nos interessemos por eles. Porque a política, como dissemos inicialmente, também é agir em conjunto.

– *Você não respondeu diretamente à pergunta que eu fiz...*

– Eu sei. Mas eu gostaria primeiro de insistir na ideia de que a política não pertence apenas à categoria da reflexão abstrata e do cálculo. É isso que permite compreender que a escolha das pessoas em quem votamos também é influenciada pelos sentimentos que temos com relação a elas: confiança, admiração e até, às vezes, fascinação. Ou, ao contrário, desconfiança e aversão...

– *Será que esses sentimentos estão relacionados ao que chamamos de "carisma" dos políticos? Por que alguns nos atraem mais do que outros? Por que eles são mais populares?*

– Sua pergunta é muito pertinente, mas também apresenta questões preocupantes. Os gregos já sabiam que os oradores muito bons, aqueles que sabiam comover os cidadãos com seus discursos, podiam influenciar sua decisão. Ainda mais porque eles se dirigiam diretamente ao povo reunido em assembleia, e a sedução exercida pela palavra era muito eficaz, provocando um verdadeiro arrebatamento coletivo. Isso podia tomar o bom caminho e levar a decisões sensatas, mas também podia produzir o efeito contrário e resultar em decisões catastróficas. Foi assim que Alcebíades arrastou, com seu carisma, os atenienses a uma desastrosa expedição militar na Sicília, onde toda a sua frota foi destruída. Havia "demagogos" que, para alcançar seus objetivos, adulavam e manipulavam o povo. E sua habilidade – e mesmo seu virtuosismo – os tornava populares.

Houve ao longo da história inúmeros líderes "carismáticos", que provocavam o entusiasmo, a fascinação e até a devoção. É o que chamamos de "culto da personalidade". As multidões enfeitiçadas se entregavam aos discursos deles. Foi o caso de Stálin, Hitler ou ainda Fidel Castro.

– *Mas esses são exemplos de ditadores, não de dirigentes democráticos!*

– Você acha que o carisma despareceu nos regimes democráticos? Será que ainda não existem hoje líderes considerados, por uma razão ou por outra, homens providenciais, "salvadores" ou, mais simplesmente, indivíduos dotados de um charme particular? Por se opor ao regime de Pétain e pelo valor simbólico do apelo de 18 de junho de 1940, De Gaulle foi considerado uma personalidade dotada de uma dimensão heroica. Nelson Mandela, por sua autoridade moral e coragem, foi um exemplo de carisma. Barack Obama, no momento de sua primeira eleição como presidente dos Estados Unidos, aparecia a muitos como dotado de um "charme" especial, capaz de renovar a democracia americana. Sua eleição em 2008, que mostrou que um negro podia ter acesso ao mais alto cargo daquele país, provocou uma emoção e um entusiasmo consideráveis no mundo inteiro.

– *Concordo. Mas será que esse dom específico é natural? Certos indivíduos o possuem naturalmente ou, como os demagogos da Antiguidade, eles utilizam técnicas para seduzir as multidões?*

– É uma mistura dos dois. Tomemos o caso de Obama, muito interessante desse ponto de vista. Sua personalidade atraía a simpatia por sua inteligência, pela força de suas convicções, sua calma e o fato de que ele personificava a igualdade racial.

– É verdade. Obama tinha muito carisma!

– Com certeza. Mas esse carisma não vinha do nada: ele era construído e reforçado por técnicas de comunicação bastante sofisticadas. A chamada *"story telling"* – a arte de contar uma história, de fazer uma narrativa – tornou-se um elemento muito importante da comunicação política: os assessores de Obama se ocuparam daquilo que o candidato à eleição devia destacar ou, ao contrário, atenuar ou corrigir. Portanto, havia uma mistura entre, de um lado, sua personalidade, sua convicção, sua capacidade de simpatizar com as pessoas mais simples e carentes (ele trabalhou durante muito tempo em Chicago como assistente social junto aos mais pobres), e, de outro, a inteligência e a habilidade de seus discursos. A retórica (a arte do discurso) é uma técnica, mas ela deve vir acompanhada de convicções que sensibilizem os cidadãos e respondam àquilo que eles esperam. Sua fórmula *"Yes we can"* [Sim, nós podemos], por exemplo, teve um enorme sucesso: ao dizer "nós", e não "eu", ele dava a entender que o poder pertence, em primeiro lugar, a todos os cidadãos.

– Será que a televisão não desempenha também um papel importante? Quando assistimos aos debates televisionados entre os candidatos às eleições, nos referimos à sua "imagem" como se ela fosse tão importante como o conteúdo do seu discurso.

– É verdade. Trata-se de um elemento muito importante da comunicação política: o modo como os políticos se apresentam e se produzem, até sua aparência física e suas roupas, faz parte dessa *"story telling"*. Sem falar dos jornais – a imprensa de celebridades –, onde eles falam da vida privada, dos casos amorosos, tiram fotos com a família e se exibem nos momentos de lazer ou durante as férias. Sua presença nos veículos de imprensa é diária, sobretudo no período eleitoral. Hoje, porém, de maneira mais geral, quando os políticos estão no poder, qualquer atitude ou gesto da parte deles, por menor que seja, é minuciosamente analisado. E não estou certa de que isso favoreça seu carisma.

– *O que você quer dizer?*

– O fato de ver expostos as mínimas atitudes e gestos de quem está no poder os deixa, na aparência, mais próximos de nós. O que se pretende é mostrar que são pessoas que não têm nada de excepcional e que se parecem conosco. Em certo sentido, é natural, já que na democracia todos têm os mesmos direitos. Nós não elegemos seres superiores ou governantes que estariam acima dos cidadãos e – sobretudo – que poderiam agir impunemente.

– *Claro!*

– É o que François Hollande quis dizer quando falou do "presidente normal" que ele queria ser. Mas ele nem sempre foi compreendido: alegaram que um presidente – isto é, um dirigente que fala e age em nome do povo francês – não pode ser igual a qualquer um. Ele não pode se comportar como todo mundo. O dirigente democrático se encontra numa posição muito delicada: ele não é uma expressão do direito divino, não é um ditador ou um chefe "totalitário" que é objeto de um culto da personalidade. E, no entanto, ele deve apresentar uma determinada imagem, a fim de congregar os cidadãos.

– *Ainda hoje existem dirigentes carismáticos? Ouço dizer com frequência que os políticos são medíocres: é por esse motivo que criticamos a política e desconfiamos dela?*

– Essa é mesmo uma questão muito atual. Mas a ausência de carisma não é o único motivo das críticas feitas aos políticos. Nós os censuramos por muitas outras razões: em primeiro lugar, por não escutarem de fato os cidadãos, não se preocuparem com os problemas deles e por privilegiaram seus interesses pessoais e privados em vez do interesse geral. Como se sua principal preocupação fosse manter seus cargos ou privilégios. É claro, seus discursos sempre põem em primeiro plano o interesse da nação ou do povo, mas nós geralmente não acreditamos neles e pensamos que estão interessados sobretudo em suas carreiras, no caso, na sua eleição ou reeleição.

– *Essa crítica é justa?*

– Sim e não. Essa situação é o resultado da profissionalização da política. Como dissemos, a política se tornou uma profissão, e, como as eleições ocorrem em intervalos regulares, existe uma competição entre os candidatos. Os cidadãos têm a impressão, então, de que o único objetivo dos políticos é o sucesso eleitoral. Eles os criticam por fazer promessas que não são cumpridas, por não serem sinceros, por gostarem de disputas ou polêmicas mais ou menos estéreis e cujo objetivo é a conquista do poder. Isso em parte é verdade, e a acusação não é nova. É mais grave ainda: eles são acusados de "desonestidade" quando utilizam os recursos públicos para suas campanhas eleitorais e até mesmo para o enriquecimento pessoal.

– *Mas isso é muito grave!*

– Sim, o problema da corrupção é muito grave porque os políticos que se comportam de forma desonesta ajudam a desacreditar a própria atividade política. Mas não é verdade que os políticos são "todos corruptos", como às vezes ouvimos dizer. Alguns cometem desvios de recursos, porém, como dissemos a propósito da Alta Autoridade para a Transparência da Vida Pública, hoje existem instrumentos para controlar com mais eficácia esse tipo de comportamento. E é muito importante que eles sejam implementados. Mas não devemos esquecer que um grande número de políticos tem sua função e suas responsabilidades em alta conta. Eles também vivem "para" a política.

– *Mas nós também lhes fazemos outras críticas. Dizemos que eles não conseguem mudar as coisas ou corrigir situações muito difíceis, como o desemprego.*

– Sim, essa é outra acusação: a impotência. Instalou-se a dúvida sobre a possibilidade de a política, em geral, resolver um certo número de problemas: o desemprego é o principal deles. Não conseguimos impedir o fechamento de fábricas ou sua transferência para outros países em que a mão de obra é mais barata. Muitos acabam pensando que o poder dos dirigentes é muito limitado, que ele se choca com a "globalização", o setor financeiro e a todo-poderosa economia. E, portanto, eles avaliam que tudo é meio parecido, que não existem mais diferenças entre os partidos que se sucedem no poder, entre a direita e a esquerda, entre os diferentes programas. O que adianta, então, se interessar pela política?

– *Você acha que eles têm razão?*

– Não, não acho. É verdade que hoje a situação está muito difícil e que o cansaço se instalou. Muitos, porém, não se conformam: justamente, se eles lamentam o que chamam de "mediocridade" dos políticos e de seus projetos, é porque esperam outra coisa da política. Muitas vezes continuam votando por uma questão de disciplina – porque consideram que é seu dever de cidadão – ou de hábito, mas apoiam cada vez menos votar por "falta de alternativa": não para apoiar pessoas ou projetos que lhes convêm e que eles aprovam, mas para se opor a partidos cujas orientações eles recusam terminantemente e cuja chegada ao poder querem impedir.

– É por esse motivo que as pessoas não vão votar e se abstêm no momento das eleições?

– Sim, faz alguns anos que o aumento da abstenção é um fenômeno importante. Contudo, a abstenção nem sempre significa que a pessoa é passiva, que não se interessa por política e que prefere ir pescar no dia da eleição. Alguns daqueles que se abstêm o fazem deliberadamente, de maneira consciente e motivada: eles recusam as opções que lhes são apresentadas na eleição, entre este ou aquele partido, esta ou aquela orientação, estes ou aqueles políticos concorrentes. Às vezes, eles se recusam a votar porque recusam o funcionamento de um regime: por exemplo, se eles consideram que a Quinta República é um regime excessivamente "presidencialista", que dá uma importância exagerada ao Poder Executivo (o presidente da República e o governo) em detrimento do Poder Legislativo (a Assembleia Nacional e o Senado).

– *Entendi. Mas de que serve se abster?*

– No atual sistema francês, por exemplo, não se leva em conta a abstenção para determinar o resultado da eleição presidencial. Também não se levam em conta os votos brancos (quando se deposita na urna um envelope vazio) nem nulos (quando a cédula não é válida: rasgada, rasurada; ou várias cédulas num mesmo envelope). Eles são contabilizados, mas, para o resultado da eleição, são registrados apenas os que estão de acordo com a regra eleitoral: são os chamados votos válidos. E o voto também não é obrigatório: na França, o voto é um direito e um dever cívico, mas não é uma obrigação, contrariamente a outros países (a Bélgica, a Grécia e o Brasil, entre outros) onde a abstenção chega às vezes a ser punida com multa.

– *É o que eu imaginava: a abstenção não serve para nada!*

– Embora não influencie o resultado, é preciso compreender, no entanto, que ela tem um significado: seja um sinal de desinteresse ou, ao contrário, uma escolha deliberada, ela traduz uma crise da chamada "democracia representativa", a crise de um sistema em que os cidadãos encarregam aqueles que eles elegem de "representá-los", isto é, de ser seus porta-vozes. Se a abstenção é alta, sejam quais forem os motivos, a parcela da população que vota é menor, e o governo escolhido por ela poderá ser considerado ainda menos legítimo. Em determinados casos, ela tem consequências muito perigosas: os eleitores põem no poder dirigentes que a maioria dos cidadãos não quer. Terminada a eleição, é tarde demais!

Uma vez mais, porém, trata-se de um problema complexo: a abstenção não é forçosamente o sinal de desinteresse pela vida pública em geral. Ela significa também que os cidadãos se tornaram mais "críticos", que estão em busca de novas maneiras de se expressar, de participar, de pesar nas decisões. Continua sendo necessário que essas novas maneiras de se expressar e de participar possam, de fato, pesar nas decisões.

– Mas como? Quais seriam essas novas formas de participação?

– Elas não viriam ocupar o lugar das eleições, que continuam indispensáveis. Mas elas as enriqueceriam. Poderíamos imaginar, por exemplo, setores em que os cidadãos participariam mais ativamente da vida pública: isso já é feito no nível político local dos municípios. Existem conselhos de bairro que possuem um papel consultivo junto ao prefeito. Eles intervêm na esfera da cidade e do urbanismo, em que o diálogo com os moradores é obrigatório. É a chamada democracia de proximidade. Em certos casos, instituiu-se o sorteio: uma parte dos participantes dos conselhos de bairro é escolhida por esse método.

– Eu pensava que a escolha por sorteio tivesse desaparecido de vez!

– Algumas experiências foram propostas ou mesmo realizadas em escala mais ampla. No Canadá (na Colúmbia Britânica), por exemplo, uma assembleia escolhida por sorteio trabalhou durante um ano para apresentar uma nova lei eleitoral que, em seguida, foi submetida a referendo. Outro exemplo importante: a Islândia, onde, em 2008, depois da falência dos bancos, duas grandes assembleias escolhidas por sorteio discutiram sobre a maneira de recomeçar e de redigir uma nova Constituição.

– Mas, então, por que não fazer com que os cidadãos participem, consultando-os diretamente por meio de referendo?

– Não é a mesma coisa: consultamos diretamente por meio de referendo sobre uma pergunta feita antecipadamente aos cidadãos, e eles respondem "sim" ou "não". Eles não deliberam com antecedência sobre a pergunta ou a proposta. Além disso, quando um governo propõe um referendo, os cidadãos geralmente não têm a tendência de se pronunciar sobre a pergunta em si, mas de aprovar ou recusar a política geral do governo que está no poder. E, acima de tudo, a prática do referendo, com o pretexto de se dirigir diretamente ao povo, escamoteia o papel das assembleias eleitas, se livra da preparação e da discussão antecipada dos projetos, criando-se um impasse com relação a todas as atividades de pesquisa e de análise que devem preceder a votação dos temas importantes.

Seria preciso encontrar maneiras de informar mais precisamente e mais seriamente aqueles que devem se pronunciar. Na Suíça, onde existe um sistema de "votações" regulares, os cidadãos recebem muita informação antecipadamente. Porém, mesmo nesse caso, isso não significa que eles vão se pronunciar unicamente a partir das informações recebidas!

– Existem outras possibilidades de aperfeiçoar as coisas?

– Sim. Podemos aperfeiçoar o funcionamento das instituições já existentes: por exemplo, quando proibimos o acúmulo de mandatos, ou sua limitação no espaço e no tempo, também estamos procurando reduzir a distância entre os cidadãos e os políticos profissionais, que estariam cada vez mais distantes da realidade.

– Como assim?

– Na França já existe um certo número de proibições: não é permitido ser, ao mesmo tempo, deputado e senador, deputado nacional e deputado europeu, ministro e deputado. A partir de 2017, a regulamentação ficou ainda mais rígida: não é mais possível ser concomitantemente deputado (ou senador) e exercer um mandato executivo local:

prefeito, presidente de conselho regional ou de conselho departamental.

Mas também existe o chamado acúmulo de mandatos no tempo: durante quantos anos pode-se exercer uma função eletiva? Por ora, na França, a proibição de acumular mandatos no tempo só vale para o presidente, que pode exercer no máximo dois quinquênios sucessivos. Nos Estados Unidos, só se pode ser presidente durante oito anos (dois mandatos de quatro anos). Mas para as outras funções – deputados, senadores, prefeitos – isso não existe (ou não existe *ainda*).

4
Por que é tão difícil?

– *Será que essas medidas seriam suficientes para resolver os problemas? Tenho a impressão de que é muito complicado refletir sobre a política. Não apenas porque podemos lhe dar vários sentidos, mas porque os problemas nunca são resolvidos: toda vez que respondemos a uma pergunta, aparece outra! Como se nunca houvesse uma resposta certa e definitiva: é um pouco angustiante.*

– Está certo. É muito difícil, mas é preciso entender que, na política, não é possível encontrar soluções como se fosse um problema de matemática. Política não é cálculo. Ela atua dentro da realidade e se choca muitas vezes com o imprevisível. Podem ocorrer problemas inesperados que nos obriguem a tomar decisões difíceis e, às vezes, à mudar de rumo. E, por dizer respeito a nossa vida em comum, a política não envolve apenas ideias: ela é inseparável dos nossos sentimentos e emoções, daquilo que nós vivenciamos.

O fato de vivermos juntos não significa que estejamos sempre de acordo: ao contrário, é mais interessante e enriquecedor expor nossas discordâncias e discuti-las para chegar a algum acordo. Mas este nunca será perfeito: podemos viver juntos, concordando a respeito de determinados valores fundamentais, mas com convicções, ideias e posições diferentes sobre certo número de questões.

– Então nunca chegaremos a alcançar um bom sistema político? É por isso que a democracia, que parece o melhor regime, é tão criticada?

– Um "bom" sistema político não pode ser perfeito. E a política não resolve todos os problemas. É verdade que a política é objeto de inúmeras críticas. Isso sempre aconteceu: já na Antiguidade, o filósofo grego Platão não admitia que o povo – que ele considerava uma massa ignorante e cega pelas paixões – pudesse tomar decisões tão importantes!

A democracia sempre foi atacada por razões muito parecidas: quando o sufrágio universal foi implantado, ele foi criticado por alguns porque nem todas as opiniões teriam o mesmo valor e nem todos teriam as mesmas competências. Um dos argumentos apresentados contra o voto das mulheres era que elas votariam como os seus maridos, o que significava que elas não tinham nenhuma capacidade julgar com independência! Lembre-se: em nossa conversa, já respondemos a esse tipo de objeção dizendo que os cidadãos não precisavam ser especialistas para refletir e exercer seu julgamento. Hoje, porém, as críticas com relação à democracia não são mais exatamente as mesmas.

– *O que você quer dizer com isso?*
– Os críticos se referem, sobretudo, ao fato de a democracia não cumprir suas promessas. Não somente os políticos são desligados da realidade e de seus eleitores, não são pessoas exemplares, mas, acima de tudo, a democracia não funciona bem. Como dissemos, ela é impotente para resolver problemas essenciais como o desemprego. A desigualdade não para de aumentar, tanto no plano econômico como no plano social e cultural.

Existe hoje um número cada vez maior de pobres, de pessoas que não têm acesso de maneira equitativa à saúde, à cultura e aos serviços públicos, por exemplo, nas cidades em que escolas e agências do correio são fechadas e onde o pequeno comércio desaparece. Teoricamente, todos os cidadãos gozam dos mesmos direitos, mas nem todos conseguem exercê-los da mesma forma. É por esse motivo que se fala hoje de uma "fratura" social e cultural entre os que vivem confortavelmente e se beneficiam das trocas com o mundo externo, que podem viajar para o exterior, se enriquecer com os encontros, e os que permanecem "à beira do caminho": estes têm a impressão de estar marginalizados, de estar isolados e abandonados, e eles sentem medo e frustração. Não podem projetar o futuro de maneira positiva e não têm nenhuma esperança.

– *Isso é muito sério!*

– Sim, e é dessas dificuldades e desses sofrimentos que tiram proveito os movimentos demagógicos que exploram esses temores e essa sensação de abandono: eles dão a entender que tudo é culpa dos estrangeiros, dos imigrantes que tiram o trabalho dos outros, que invadem o país e provocam insegurança. Eles defendem o retraimento e o fechamento em si mesmo, o que significa um empobrecimento. E é preciso acrescentar que essa propaganda se desenvolve num contexto em que a democracia é alvo de atentados terroristas.

– Isso quer dizer que a democracia é frágil e poderia ser ameaçada?

– Sim, sem dúvida alguma. É impressionante constatar como os homens e as mulheres que vivem em ditaduras ou em regimes autoritários, em que os direitos concedidos aos cidadãos dos países democráticos não existem, lutam para conquistá-los e para ter acesso à democracia. A Espanha levou muito tempo para se livrar da ditadura franquista. Em Portugal, a Revolução dos Cravos pôs fim em 1974 ao regime autoritário instituído por Salazar. E já mencionamos a queda do Muro de Berlim, em 1989. Existem outros exemplos, ainda mais próximos da França, como o da Tunísia, onde o levante popular realizado em dezembro de 2010 e janeiro de 2011 provocou a queda do regime autoritário de Ben Ali. Contudo, nos países em que a democracia parece estar solidamente implantada, às vezes há séculos, é frequente o descontentamento e, sobretudo, a decepção das pessoas.

– *É estranho mesmo: lutamos para ter acesso à democracia e, quando a conquistamos, não ficamos contentes!*

– Exatamente isso. Mas é preciso perguntar por quê. No fundo, esperamos que a democracia resolva todos os problemas, ao passo que ela requer uma prática permanente por parte dos cidadãos. Ela precisa de cidadãos atuantes e responsáveis. A democracia não se resume ao Estado de direito: claro, é indispensável que o poder público (o Estado) seja limitado e controlado por meio de regras – foi o que vimos a propósito da separação de poderes e do respeito à Constituição. Mas isso não basta, e, acima de tudo, as eleições não são, por si só, uma garantia: Hitler chegou ao poder em 1933 após eleições legais que deram maioria ao NSDAP (o Partido Nazista). Sabemos, porém, qual o contexto que tornou isso possível: as consequências do Tratado de Versalhes, que havia deixado a Alemanha de joelhos, a grande crise econômica de 1929, a incapacidade dos partidos de esquerda de se unir diante da escalada do Partido Nazista, a fragilidade da República Democrática de Weimar, impotente para controlar a situação.

– *Esse tipo de situação ainda poderia se reproduzir hoje?*

– Não é impossível. Assistimos atualmente à proliferação de formas corrompidas de democracia que, formalmente – pelo menos no início –, respeitam as aparências, mas na verdade a atacam profundamente.

– *O que você quer dizer com isso?*

– Bem, são regimes em que os dirigentes chegam legalmente ao poder por meio de eleições. Em seguida, porém, com a desculpa de "dar a palavra ao povo", eles atacam as elites, amordaçam os contrapoderes, proíbem os partidos de oposição e, frequentemente, modificam a Constituição, de tal maneira que o presidente eleito pode se recandidatar indefinidamente: é o caso de Putin, na Rússia, e de Erdogan, na Turquia. Inventou-se a palavra "democradura" (mistura de democracia e ditadura) para qualificar esses regimes híbridos. Fala-se também de democracias "iliberais", para designar os sistemas em que os dirigentes são eleitos e os procedimentos democráticos são aparentemente respeitados (existe um Parlamento), mas em que os contrapoderes são tolhidos e o equilíbrio de poderes ameaçado. Por exemplo, atenta-se contra a independência do Judiciário com a nomeação dos procuradores e juízes pelo Poder Executivo. Procura-se limitar ou tolher os controles constitucionais: o resultado é que o Parlamento, quando se reúne, apenas constata as decisões do governo. Podemos resumir dizendo que os dirigentes, uma vez eleitos, mantêm algumas aparências, mas fazem tudo que podem para governar sem controle.

– *Mas, então, se a democracia é tão frágil, será que ela vai continuar existindo?*

– Espero que sim. Para preservá-la, para preservar nossos direitos, certamente é preciso ficar muito atento ao funcionamento das instituições democráticas, que garantem as liberdades individuais, a liberdade de expressão e de opinião de todos os cidadãos. E os contrapoderes devem funcionar de maneira eficaz. Mas isso não basta: é preciso também que os cidadãos tenham consciência das suas responsabilidades. Um dos perigos que ameaçam a democracia é de que os cidadãos, desestimulados e decepcionados com a política tal como é praticada, confiem a um "chefe" ou a um demagogo que lhes prometa qualquer coisa para administrar os assuntos públicos. É sempre uma grande tentação em períodos de crise ou de mudança, quando temos a impressão de ter perdido os parâmetros habituais porque o mundo está se transformando.

– E você acha que estamos num desses períodos?

– Creio que sim. Em primeiro lugar, porque a atividade política tem de responder a situações inéditas, como a globalização. Trata-se de um fenômeno complexo, que tem efeitos positivos (a multiplicação das trocas e da informação, a facilidade dos transportes, as viagens) e negativos, principalmente no plano social e econômico. Aumenta o fosso entre os ricos, que podem aproveitar as oportunidades oferecidas pela globalização, e os pobres, que não encontram seu lugar, por falta de recursos econômicos mas também de recursos sociais e culturais. Desse ponto de vista, a globalização acentua as desigualdades e prejudica os mais carentes. A mobilidade das pessoas, das mercadorias e dos capitais é um processo que escapa em parte à ação dos governos.

– *Por quê?*

– Porque é difícil impedir que as empresas multinacionais (que produzem em diversos locais e que têm filiais em vários países) transfiram suas fábricas para países em que a mão obra é mais barata e onde elas podem lucrar mais. Isso gera desemprego e precariedade. É preciso, então, que os Estados regulem essa globalização, criando normas e regras, redistribuindo a riqueza e zelando pela proteção social dos trabalhadores. De certa maneira, pode-se dizer que isso se traduz na criação de contrapoderes políticos diante de uma economia que tende a escapar completamente do controle dos governos.

– *Mas em que isso representa um perigo para a democracia?*

– Sem esse controle, a política não tem mais nenhum sentido: ela não significa mais nada, não serve para nada. Por outro lado, quando intervém, ela lembra que certos valores fundamentais como o trabalho, a saúde, a energia, o acesso aos recursos naturais e a educação são bens comuns que devem ser protegidos diante da concorrência econômica. A democracia deve pôr em prática a liberdade e a igualdade, mas também a solidariedade, e constatamos que, hoje, são também os cidadãos, as associações, os espaços de discussão e os fóruns os que defendem essas ideias e não permitem que a política se subordine à economia.

– *Existem ainda outros perigos?*

– Sim. Especialmente a tentação de nos fecharmos em nós mesmos, que é gerada pelo medo, o medo do futuro e o medo do outro. Quanto mais isolados e carentes nos encontramos, numa situação precária, maior a tendência de pensar que é melhor se fechar no seu grupo diante do exterior, no caso, diante do estrangeiro. Contudo, esses demagogos a que nos referimos há pouco cultivam e exploram esse medo e esse mal-estar: eles dão a entender que as coisas vão se arranjar se nos fecharmos em nós mesmos, se adotarmos uma posição xenófoba, e na verdade eles não procuram responder àquilo que é um sofrimento social real. É o abandono do pluralismo defendido pela democracia: não somente o pluralismo partidário, mas a pluralidade de indivíduos ao mesmo tempo iguais e diferentes e que devem poder viver juntos.

O que a democracia deve fazer hoje é se preocupar com os fragilizados pela globalização, levar em conta suas reivindicações e procurar atendê-las.

– Mas você acabou de dizer que, em política, não existem soluções. É desesperador!

– Não existem soluções como na matemática, mas existem respostas: é possível fazer escolhas e definir direções. Evidentemente, o sucesso não é garantido, mas podemos tentar. E é preciso prosseguir sem descanso, porque a política é uma tarefa sem fim. Na França, por exemplo, até o momento não conseguimos de fato responder a todas as dificuldades enfrentadas atualmente pela democracia. Elas não são apenas econômicas, também estão relacionadas às desigualdades culturais, ao fato de que a escola não consegue mais assegurar a verdadeira igualdade de acesso à educação, à formação, à cultura e à qualificação. É preciso solucionar essa situação a qualquer preço, pois a educação é fundamental. Ela não consiste apenas na transmissão de conhecimentos: ela também permite a construção da cidadania. Ela permite compreender que a democracia deve ser sempre recomeçada, reinventada, e que essa responsabilidade cabe também aos cidadãos. É uma tarefa que exige muita energia e perseverança, mas que não tem nada de desesperador!

SOBRE O LIVRO

Formato: 12 x 21 cm
Mancha: 19 x 39,5 paicas
Tipografia: Iowan Old Style 12/17
Papel: Off-white 80 g/m² (miolo)
     Cartão Supremo 250 g/m² (capa)
1ª edição Editora Unesp: 2018

EQUIPE DE REALIZAÇÃO

Capa
Marcelo Girard

Edição de texto
Ricardo Inácio dos Santos (Copidesque)
Tomoe Moroizumi (Revisão)

Editoração eletrônica
Eduardo Seiji Seki (Diagramação)

Assistência editorial
Alberto Bononi
Richard Sanches